JUGEMENT
DU GRAND BAILLIAGE
DE BOURG-EN-BRESSE,

Qui fupprime un Écrit intitulé, *Efprit des Édits enrégiftrés militairement au Parlement de Grenoble.*

CE jourd'hui, les deux Chambres du Grand Bailliage étant extraordinairement affemblées, les Gens du Roi font entrés, & ont préfenté un Réquifitoire, portant :

QU'ON vient de répandre, en cette Ville, une Brochure, ayant pour titre : *Efprit des Édits, enregiftrés militairement au Parlement de Grenoble le 10 Mai.* Que cet écrit, femé de principes féditieux, fort de la claffe de ces productions éphemères, que l'on peut abandonner fans danger, à l'inconftante curiofité des Lecteurs. Il n'offre point la difcuffion paifible d'une opinion : le développement modéré d'obfervations fur les Édits qu'il atta-

A

que , eſt un véritable manifeſte , dans lequel, ſous prétexte de combattre le deſpotiſme , on cherche à ſoulever la Nation , à armer le Citoyen contre le Citoyen. Les Remontrants ne pourroient , ſans mériter de juſtes reproches , garder le ſilence ſur un écrit de cette nature, d'autant plus dangereux , que l'adreſſe y eſt unie au ſtyle intéreſſant & rapide.

L'extrait de quelques propoſitions principales, vous fera certainement, MESSIEURS, partager la façon de penſer des Remontrants ſur cet ouvrage, & elle deviendra bientôt commune à tous les citoyens, dont la prévention ou un intérêt quelconque, ne ſubjuguent pas l'opinion. Ces derniers critiqueront peut-être le zèle du Magiſtrat , peut-être l'accuſeront-ils de favoriſer le deſpotiſme, d'être indifférent ſur les maux qu'il entraîne.....

Mais dénoncer un écrit incendiaire, s'élever contre un faux eſprit d'indépendance, qui conduiroit à l'anarchie, gémir ſur les troubles qu'il peut entretenir ou préparer, ce n'eſt point favoriſer le deſpotiſme ; c'eſt remplir un devoir : ce n'eſt point travailler pour les chaînes , mais pour le repos de la patrie : c'eſt la ſervir avec fidélité.

Ainſi , lorſqu'on lit , (page 1) , *que le Tiers-État & la Magiſtrature étoient les ſeuls antagoniſtes d'un pouvoir qu'ils avoient créé ;* on remarque un principe erroné : car la Magiſtrature n'a jamais créé le pouvoir en France ; nos Rois ſont plus anciens que nos Tribunaux , & ceux-ci ont toujours rendu la juſtice en leur nom.

·*On a employé* , dit l'Auteur , *envers le Tiers-État , un ſyſtéme de ſéduction , qui conſiſte à lui promettre une répartition de charges , déſormais égale entre tous les ordres. Les nouvelles loix ſont profondement déſaſtreuſes , elles contiennent le projet d'anéantir la liberté du peuple.....* (page 2).

Mais , l'égalité de répartition ne peut être exécutée avant d'être annoncée ; cette promeſſe excite , à la vérité, la reconnoiſſance des uns , & l'inquiétude des autres ; elle ne peut être un moyen de ſéduction , quand elle eſt accompagnée de l'engagement ſolemnel , de n'établir aucun nouvel impot ſans le conſentement de la nation. *On n'anéantit point la liberté du peuple* , quand on lui donne des adminiſtrations particulieres , où il ſera entendu , protégé ; quand on multiplie ſes moyens

de repréfentation dans l'enfemble & le détail ;
quand on établit des Tribunaux plus rappro-
chés. On ne cherche point à le rendre efclave
lorfqu'on travaille pour lui ; lorfqu'on veut lui
faire occuper une place dans l'état ; lorfqu'on
lui annonce une affemblée nationale peu éloignée ; lorfqu'on ne néglige rien pour y affurer
la· liberté des fuffrages, & l'équilibre entre
les ordres. (*) Le Tiers-État étoit-il donc
plus libre dans ces temps où il n'étoit point
compté dans la nation , dans ces temps où il
ne paroiffoit pas à fes affemblées ? Pouvoit-il
même être mieux défendu lorfque fes intérêts
n'étoient confiés qu'à des Tribunaux , dignes
à tous égards de vénération & d'attachement,
mais dans lefquels la Nobleffe feule étoit
admife depuis quelque temps.

La première loi que l'Auteur examine , eft
celle *des Affemblées Provinciales.* Il ne peut
s'empêcher de convenir de leur utilité ; mais
il voudroit qu'elles euffent le nom *d'Etats
Provinciaux* ; comme fi le nom faifoit la chofe !
. Il avance qu'elles *ne peuvent être qu'à charge
& dangereufes , fous le regime actuel , qu'elles*

_____

(*) Arrêt du Confeil , du 5 Juillet.

coûteroient beaucoup, entraîneroient des abus,
&c. (page 3).

On peut lui répondre que l'avantage de
rendre chaque citoyen témoin & coopérateur
de l'administration de sa Province, d'en sou-
mettre toutes les opérations à sa surveillance,
tous les abus à son zèle, n'est certainement
pas un avantage illusoire; que des assemblées
qui embrassent tous les points d'une Province,
qui ont la faculté de vérifier & prévenir les
plaintes, d'améliorer la répartition de l'impôt,
de diriger les travaux publics, de favoriser
l'agriculture, d'étendre l'industrie, font des
établissements bien précieux pour les peuples,
& peuvent les défendre avec succès.

Quelle est l'institution humaine, parfaite
dès son principe ? Toutes n'offrent-elles pas des
inconvénients que le temps & l'expérience
peuvent seuls faire disparoître. Le Gouvernement ayant annoncé que le régime des
Assemblées Provinciales seroit assorti aux loca-
lités, il sera facile de les perfectionner, &
de diminuer des frais qui paroissent exagérés.
Au reste, ce qui dépose en faveur de ces
établissements, c'est l'empressement avec lequel ils ont été reçus; ce sont les travaux

intéreſſants , les vues pleines de ſageſſe & d'ordre, qu'ils ont déjà fait admirer.

En· diſant que les Aſſemblées Provinciales *lutteroient ſans ceſſe contre les Parlements ,* il ſemble que l'Auteur veut expliquer les motifs de l'oppoſition de quelques-unes de ces Cours ; mais on doit croire qu'elles en ont eu de plus puiſſants , que la crainte de cette rivalité. *Ces Aſſemblées tendront à s'agrandir, deviendront dangereuſes ; le Souverain qui les aura créées , pourra les anéantir....* Mais en traçant ainſi l'hiſtoire future de ces Aſſemblées, l'Auteur n'écrit-il pas auſſi celle de tous les grands corps qui ont exiſté ou exiſteront ? Ce qu'il dit des uns , s'applique aux autres , & en général, la plupart de ſes raiſonnements pourroient être employés contre lui.

Il ſeroit inutile de s'arrêter à ce qu'il dit de la prorogation & extenſion du ſecond vingtieme, puiſque Sa Majeſté vient de déclarer qu'elle renonçoit pour cette année , à ce ſecours , quoique pluſieurs Parlements, Etats & Aſſemblées Provinciales y euſſent conſenti. (*) Mais en parlant de cette ex-

(*) Arrêt du Conſeil, du 31 Mai.

tenſion, il ne craint pas d'avancer que les
*économies du Roi ſont des chimeres ; les
réformes vantées , des tyrannies infructueuſes.*
Ces réformes ſont publiques, toutes les parties
les ont éprouvées ; elles ont infiniment coûté
au cœur ſenſible de Sa Majeſté ; elle a ſacrifié
avec douleur des Serviteurs fideles , au ſou-
lagement de l'Etat ; mais en gémiſſant ſur
leur ſort , elle ne les a point frappés d'une
main *tyrannique.* Une imputation auſſi cruelle
ne peut être inſpirée que par l'envie de faire
naître la défiance publique.

C'eſt en ſuivant ce projet, qu'on entend
cet Auteur, (page 7), s'écrier que les
*Miniſtres ſont de mauvaiſe foi, qu'ils boule-
verſent l'Ordre Social, qu'ils deſolent le
Prince & la Nation, qu'ils trompent le Prince
& le Peuple, &c.* Un jugement auſſi témé-
raire, a toujours été le moyen dont on s'eſt
ſervi lorſqu'on a voulu cenſurer la volonté
des Rois, ou en contrarier l'effet ; ſon amer-
tume eſt véritablement dirigée ſur le Prince.

N'aſſiſte-t-il pas aux Délibérations de ſon
Conſeil ? Ignore-t-il ce qu'il ordonne lui-
même ? Les diſcours qu'il a prononcés ne ſont-
ils pas ſortis de ſa bouche ?

L'Auteur calomnie jufqu'à l'intention mani-
feftée par Sa Majefté, de convoquer les États
Généraux, en difant *qu'on en renvoie l'époque, dans l'efpoir qu'une longue fuite d'extorfions, ayant rempli les vuides du tréfor, les
États Généraux inutiles, ne feront convoqués
que pour être honnis & décrédités*, (page 8).

Ainfi un Roi chéri par fa juftice & fa pro-
bité, n'auroit fait qu'une vaine promeffe!....
Croyons à fa parole facrée, plutôt qu'à l'Auteur.... L'Arrêt du Confeil, du 5 du mois,
eft un gage inconteftable de fa volonté. La
Nation fera affemblée; *le pere de famille appel-
lera bientôt fes enfants autour de lui ;* il ne
permettra point *d'extorfions ;* il confultera
fon peuple. L'Affemblée des Notables nous
a prouvé qu'il ne craignoit point de s'envi-
ronner de fes fujets, de verfer dans leur fein
fes follicitudes paternelles. Loin d'une Affemblée fi augufte, tout efprit de parti, tout
intérêt particulier ; loin d'elle la fermentation
du moment; elle y porteroit le trouble & non
la vérité. On n'y trouveroit point cette abné-
gation d'opinions, cette harmonie précieufe
qui affure le bien général. Mais quand la
réflexion aura ramené le calme, quand la
nation

Nation pourra juger paifiblement de fes vrais intérêts, fa diete majeftueufe ne fera point agitée, elle en retirera de véritables avantages, & cette heureufe époque n'eft pas éloignée.

L'Auteur appelle la Déclaration du Roi fur la procédure criminelle, une *loi futile*; *la furféance des condamnés à mort, eft très-dangereufe; elle donnera au coupable accrédité la facilité d'éviter un jufte châtiment, celui-ci ne tombera que fur la tête de l'homme foible; il s'élévera alors une race d'hommes prêts à tous les attentats.....* (page 9).

Dans un fiecle où l'on parle fans ceffe d'humanité, après tant d'erreurs fatales à l'innocence, peut-on appeller *futile*, une loi qui multiplie les moyens de défenfe pour l'accufé; qui lui conferve l'efpoir de fe juftifier, même après fa condamnation; qui fupprime des formalités humiliantes pour celui qui n'eft pas encore condamné! Une loi qui abolit la torture, feroit un monument de légéreté, un moyen fatal de multiplier les crimes!

Quand la furféance pourroit quelques fois fournir au coupable un moyen d'échapper à la peine, feroit-ce un malheur comparable à celui de renoncer à l'efpoir de fauver l'inno-

B

cent ? Seroit-ce un crime que de prolonger la vie d'un condamné ? Si cette loi bienfaifante eût exifté plutôt, peut être que beaucoup d'infortunés refpireroient encore... Ainfi l'on ofe blamer la fenfibilité du légiflateur, on lui reproche de *les aimer ;* peu s'en faut même qu'on lui difpute le plus bel attribut de la royauté, celui de faire grace. Si les Rois venoient à en perdre l'ufage, que deviendroient fouvent ceux qui déchirent la patrie?

Tel eft fur nous l'empire des paffions, qu'elles précipitent quelquefois les efprits dans des erreurs dont le cœur n'eft peut être pas complice. L'Auteur de *l'Efprit des Édits* en eft ici un malheureux exemple.

Venant enfuite à *l'Ordonnance fur l'adminiftration de la Juftice*, il raffemble tous les raifonnements faits fur cette Loi, par les perfonnes intéreffées à la combattre. Les Juges Locaux, felon lui, *au fein de l'ignorance, feront difpofés à abufer du defpotifme qu'on leur abandonne : ils exerceront impunément dans leur reffort, tous les raffinements d'une tyrannie immédiate : il ne reftera de reffources contre leur oppreffion, que dans le recours au Confeil, toujours impoffible au pauvre,* &c.
(page 11).

Dans quel Code moral cet Auteur , & ceux qui penfent comme lui , ont-ils puifé que des hommes nés au fein de la médiocrité, feroient plutôt vicieux que ceux auxquels le hazard a donné des titres ou des richeffes ? Ces bienfaits dangereux de la fortune, affurent-ils la vertu & le génie ? L'honneur & les lumieres ne fe trouvent-ils plus chez le fimple citoyen ? Éloigné du tumulte , heureufement privé des moyens de diffipation qui égarent fi fouvent la jeuneffe , il peut fe livrer à l'étude avec fuccès , il reçoit la même éducation publique , s'inftruit de la même maniere que l'homme riche ou puiffant ; mais fa médiocrité eft fouvent la fauve-garde de fes mœurs , & elle promet à la patrie des citoyens utiles.

D'ailleurs, tous les Tribunaux ne font-ils pas remplis par des *hommes* ? & ce que l'Auteur dit des uns , ne peut-il pas s'appliquer aux autres ? Quel recours a-t-on contre les Arrêts des Cours Souveraines, que le Confeil ? Et avant de fe pourvoir à celui-ci , le pauvre n'eft-il pas forcé d'effuyer un procès au Parlement, loin de fa famille & de fes foyers ? Qui porteroit la prévention affez loin , pour

penfer que la Nobleffe fera mal jugée, parce
qu'elle ne le fera pas toujours par fes pairs ?
Le peuple étoit-il donc jugé en dernier reffort,
jufqu'ici, par les fiens ? Le Roturier n'étoit-
il pas toûjours jugé par le Noble ; le Cenfi-
taire par le Seigneur ; le Pauvre par le Riche ;
le-Foible par le Fort ? En établiffant un peu
plus d'égalité, pourquoi trouveroit-on des
inconvénients dans le nouvel ordre, tandif-
qu'on n'en voyoit pas dans l'ancien ?

Dira-t-on que la connoiffance particuliere
des-perfonnes, peut influer fur les jugemens ?
Mais dans les Villes de Parlement, n'a-t-on
pas cette connoiffance, comme dans celles des
Bailliages ? Les concitoyens n'y jugent-ils pas
auffi les concitoyens ? D'ailleurs, la connoiffance des perfonnes, bien loin de nuire, eft
fouvent fort utile ; le caractere, la conduite,
la réputation des individus font apprécier les
actions, évaluer les démarches, diftinguer les
fautes de l'habitude, de celles de l'erreur du
moment ; & on ne peut difconvenir que dans
la plupart des procès civils, dont la décifion
dépend des faits, & dans celle des procès-
criminels, ces confidérations ne foient de la
plus grande importance.

· En chargeant les Magiſtrats du ſecond ordre, d'imputations auſſi graves qu'injuſtes, l'Auteur a-t-il cru pouvoir les flétrir aux yeux des hommes impartiaux ? Penſe-t-il que *l'opprobre & l'infamie* puiſſent ſe diſtribuer ſur la tête des citoyens au gré des paſſions ? Ce ſont les crimes qui l'impriment, & non la volonté de ceux qui la prononcent...... Appartient-il de crier au deſpotiſme, tandiſque d'un ſeul trait, on en commet l'acte le plus impuiſſant comme le plus irrégulier ? Peut-on ſe plaindre de la violation des formes, quand on n'en obſerve aucune ?

Se permettre d'attenter à l'honneur d'un grand nombre de ſujets fideles, parce qu'ils obéiſſent à leur Roi ; n'eſt-ce pas attenter à celui de ce Roi lui-même ? Dire que ceux qui exécutent ſa volonté, ſont coupables ; n'eſt-ce pas avancer que ſa volonté eſt un crime ?

L'exiſtence civile & la réputation des citoyens honnêtes, dépendroient-elles de ce que leur penſée n'eſt pas la penſée de quelques-uns de leurs concitoyens ?

Quel eſt donc le crime de ceux contre leſquels cet Écrivain appelle *l'inſulte publique ?*

Exécuter des Loix qui ne leur paroiſſent point nuiſibles au bien général, reſpecter l'autorité légitime, ne point s'élever arbitrairement en Juges des intentions du Souverain, rendre la Juſtice à ſes peuples ; tels ſont, MESSIEURS, les motifs de la conduite des Officiers des Grands Bailliages ; tels ont été les vôtres, lorſque vous avez procédé à l'enregiſtrement des nouvelles Loix.

Elles vous ont été adreſſées dans la forme ordinaire; vous les avez enrégiſtrées treize jours après le Parlement du reſſort ; nulles réclamations, nulles obſervations particulieres ne vous ont été propoſées avant cet enrégiſtrement ; les habitans du pays, y ont vu des avantages, & le vœu du plus grand nombre vous y invitoit. Vous n'avez pas cru devoir refuſer une ampliation de pouvoirs, qui devoit être utile ſur les lieux, puiſque celle des Préſidiaux en 1774, avoit eu ſon effet dans cette province, ſans qu'on y eût trouvé alors aucun inconvénient.

Aſſez nombreux pour faire le ſervice, vous n'avez pas cru pouvoir refuſer de rendre la juſtice aux ſujets du Roi ; enfin, vous ne vous êtes aſſis à la place d'aucuns Magiſtrats Su-

périeurs ; vous n'avez point fuccédé aux Cours Souveraines comme les Tribunaux de 1771.

Vous avez vu avec fenfibilité le fort de ceux auxquels les changemens actuels étoient funeftes : les repréfentations des villes de parlement vous ont parues naturelles , puifque le nouvel ordre des chofes leur porte un préjudice momentané ; mais vous ne pouvez vous empêcher de confidérer l'avantage de celle que vous habitez. Vous avez vu que ce qui refluoit dans quelques cités, fe trouveroit reporté dans les diftricts éloignés : que puifque l'intérêt des premiers excitoit leurs regrets , celui des feconds devoit y faire naturellement éprouver un fentiment oppofé.

Vous n'avez point été furpris de voir différentes provinces, notamment la Bourgogne, s'agiter pour leurs capitales , invoquer des priviléges ou des capitulations particulieres. Vous avez confidéré que la Breffe n'étoit point dans le même cas ; que cette province a été unie à la Couronne en 1601, par le traité de Lyon, & que la Bourgogne étoit province françoife depuis 1477 ; que leur réunion n'a rien de commun ; & que fi les nouvelles Loix avoient quelque chofe de contraire aux priviléges anciens du duché de Bourgogne, on ne peut en faire l'application à la Breffe.

Vous avez obfervé qu'en fortant des mains des Ducs de Savoie, elle reçut des Rois de France, des tribunaux très différens de ceux qui y rendoient précédemment la juftice; qu'aucun tribunal françois n'avoit alors de juridiction fur elle; que conféquemment les Rois furent libres d'y introduire telle forme ou tel reffort qu'ils jugerent à propos; qu'ils ne fe font point liés par un arrangement qui ne fut qu'une faveur pour la Bourgogne, fans être jamais un titre; que cela eft fi vrai, que le Roi Louis XIV créa à Bourg une Cour Souveraine en 1659, transférée à Metz en 1661; que fa fuppreffion follicitée par la Bourgogne, ne fut opérée, ainfi qu'on le voit par l'édit, que parce que cette province, & notamment Dijon, expoferent qu'elles fe trouvoient par-là privées du tribut de nos pays en confommations & argent; que l'énonciation feule de ce motif, étoit une raifon de chercher à fixer en Breffe des contributions dont une province riche & commerçante, comme la Bourgogne, peut fe paffer, mais bien importantes dans un pays ou les fortunes font médiocres, & les reffources très bornées.   Au

Au fond d'une province isolée , loin de la Cour , loin des Parlemens , vous vous êtes conduits sans précipitation comme sans crainte, parce que vous n'aviez rien à vous reprocher ; & si vous aviez vu la liberté nationale ou l'intérêt de votre pays véritablement en danger , vous les auriez défendu avec autant de fermeté.

Vous n'avez ni sollicité , ni prévu la nouvelle Loi , & comme vous ne l'avez exécutée que pour obéir à votre Roi , & procurer l'avantage du pays , vous verriez sans peine son abrogation , si Sa Majesté croyoit devoir la prononcer. Vous avez accepté vos nouvelles fonctions avec franchise ; vous y renonceriez alors avec autant de désintéressement que de soumission.

Enfin l'auteur de l'*Esprit des Edits* , passant à l'établissement de la Cour Pléniere , la regarde comme *un instrument du Despotisme* : mais ne l'envisageons point sous un aspect aussi effrayant. Les Grands qui y siégeront , seront les premiers intéressés à combattre le despotisme. Ignoreront-ils qu'il frappe le plus souvent sur les têtes élevées ; qu'il ne va pas chercher au loin des victimes obscures, & que ses coups ménacent sans cesse ceux qui en-

C

vironnent le Defpote ? L'honneur & l'amour
de la patrie, feront-ils bannis du cœur des
Princes, de celui de plus de quarante Per-
fonnages diftinguées, & de plus de cinquante
Magiftrats? L'affemblée des Notables, ne nous
a-t-elle pas donné l'exemple des lumieres &
du patriotifme le plus honorable ?

La néceffité d'une Cour Suprême en France,
eft fentie. L'auteur dit lui-même (page 14),
qu'elle manque à la Nation. Les Loix gé-
néralement utiles ne feront point alors admifes
dans une partie du royaume, & rejettées dans
l'autre ; on verra naître un enfemble dans le
refus ou l'acceptation ; & des plans généraux
pourront être fuivis.

L'auteur parle fouvent de notre conftitution
& de fon *anéantiffement* ; mais cette conftitution que tant de gens invoquent comme lui,
n'eft encore ni bien expliquée, ni parfaitement
connue. On chercheroit vainement à le faire
d'une maniere fatisfaifante. Nous nous égarons
dans l'hiftoire fans lui trouver une exiftence
uniforme. On voit d'abord les premiers Rois
des François, élevés fur le pavois par les guerriers ; des affemblées uniquement compofées
de feigneurs & vaffaux puiffans ; l'influence

des princes proportionnée à leur état de force
ou de foibleſſe. Vient enſuite le gouvernement
féodal , eſpéce d'ariſtocratie très deſpotique ;
& pendant pluſieurs ſiecles, le Tiers-État qui
forme plus des trois quarts de la nation , n'a
été ni connu , ni appellé aux aſſemblées na-
tionales. Enfin paroiſſent les gens de Loi, qui ,
invités par ceux d'épée & les Prélats , à les
aider dans les jugemens des procès , n'ont
point d'abord voix délibérative , mais auxquels on abandonne bientôt une partie qui
ne s'accordoit gueres avec les occupations mi-
litaires des *Barons* ; & ce tribunal attaché à
la ſuite des Rois , fut rendu ſédentaire par
Philippe le Bel.

Depuis que le Tiers-État a été admis aux
États généraux , ceux-ci n'ont point eu une
forme conſtante ; leur compoſition , le nombre
de leurs membres , leur convocation , les ma-
tieres ſoumiſes à leurs délibérations , ont con-
tinuellement varié. Notre conſtitution paroît
donc avoir été formée peu à peu , ſuivant les
circonſtances ; & dans le fait , nous ne pou-
vons pas nous flatter d'en avoir réellement une.

Le moment actuel ſeroit peut-être celui de
la procurer immuablement ; il exiſte un Roi

qui ne craint pas d'y concourir ; & si des obstacles particuliers font disparoître l'occasion , craignons que la postérité ne nous accuse d'une faute. Voyons une chaîne intéressante s'établir entre les Assemblées Provinciales & États , les Parlemens , la Cour Pléniere, les États Généraux & le Roi. Voyons les Assemblées Provinciales & États particuliers chargés de l'administration intérieure des provinces ; les Parlemens toujours dépositaires de la confiance publique ; des Tribunaux destinés à distribuer la justice sur les lieux ; une Cour chargée de l'examen des Loix générales du royaume ; des États Généraux assemblés au besoin ; les nouveaux impôts dépendant de leur consentement, les Loix toujours soumises à l'enrégistrement ; les Représentants & les Défenseurs du peuple, multipliés ; un grand équilibre entre les Pouvoirs ; un ensemble général : enfin , la prospérité & le véritable puissance.

Quand on entend l'Auteur s'écrier que *la liberté mourante est prête à s'abymer sous la tyrannie* , on seroit tenté de croire qu'il parle d'une république asservie ; que César vient de passer le Rubicon , ou que le gouvernement anglois auquel le nôtre ne ressemble en rien ,

vient de tomber fous la hâche d'un defpote.
Craignons d'être efclaves, mais n'envions point
une liberté illimitée ; elle feroit un préfent
funefte.

Songeons que fi la fituation actuelle des
finances, caufée fans doute en grande partie
par des plaies anciennes & profondes qu'on
avoit cru fermées, eft juftement inquiétante ;
elle peut auffi être une époque de reftaura-
tion. C'eft en voyant les maux, qu'on les évite
pour l'avenir ; c'eft quand on les connoît, qu'on
y applique le reméde. Ne calomnions point
un gouvernement qui nous a inftruit avec confiance. Ne pouvoit-il pas cacher encore cette
trifte pofition à la génération préfente ? Ne
pouvoit-il pas la pallier, & laiffer à nos ne-
veux cette difcuffion cruelle ? Ne fera-ce pas
cette crife fatale & mémorable, qui aura dirigé
les regards de la nation fur des objets jufques
alors inconnus pour elle ? Ne fera-ce pas à elle
que nous devrons des lumieres, des réformes,
des comptes publics, des États Généraux ?

Peut-on donc affez déplorer l'égarement
d'un écrivain qui, bien loin de gémir fur des
événemens dont il a été peut-être témoin ; (*)

_____

(*) Sédition de Grenoble.

qui , au lieu de prêcher l'union , feule bafe de la félicité publique , ne craint pas d'inviter le peuple à des excès qui lui font toujours fu- neftes ; qui ofe dire que *l'infurreſction eſt la reſ- fource commune à tous les peuples opprimés....* *que le peuple doit décharger fon indignation fur les exaſteurs des nouveaux fubſides.* Ne fait-il pas que l'anarchie eſt le plus grand des maux , & que la révolte eſt toujours inex- cufable ?

Elle aigrit les efprits , & n'éclaire perfonne,

Elle eſt infruſtueufe dans un grand État policé.

Elle eſt toujours un crime, quels que foient les motifs dont on la colore. Le fils ne peut réfifter à fon pere , le frere frapper fon frere , fans commettre un forfait que rien ne peut légitimer : ainfi le Sujet ne peut s'ar- mer contre fon Roi , le Citoyen contre le Citoyen, fans fe rendre coupables d'un grand crime ; y induire les peuples , c'eſt leur tendre un piége fatal.

L'Auteur cherche artificieufement à les y précipiter ; il s'adreffe fucceffivement à tous les Ordres de l'État , & il efpére allarmer la Nobleffe , en lui faifant redouter la perte de ſes privilèges. Mais cet Ordre reſpeɕtable , toujours diſtingué par ſes ſervices , ſon patriotiſme & ſon attachement pour ſes Rois , n'eſt pas capable de déſirer des troubles dont les ſuites pourroient altérer le bonheur public. Comblée des bienfaits des Rois, tenant d'eux les dignités , les privilèges , les décorations honorables, la Nobleſſe ne ſera jamais ingrate: elle dévinera le veritable but de l'Auteur , & elle ne lui ſervira pas d'inſtrument........ Gardons nous donc de penſer que ſon intérêt ou la crainte de la perte de ſes privilèges , la dirigent, qu'elle redoute le Tiers-État , la répartition égale des impôts.... L'honneur & la généroſité furent toujours ſon appanage , & ces ſentiments ſont profondément gravés dans les cœurs de tous les gentilshommes français.

Ne craignons pas non plus que des provinces que la fidélité a toujours rendues cheres au Roi & à la nation , ſeront ébranlées par cet écrit. Non, ces braves & loyaux Bretons , ces habitants induſtrieux & eſtimables du Dauphiné , ces Bourguignons vifs & éclairés, ne manqueront point à leur ſerment ; ils reconnoîtront les vues de bonté du Monarque ; la modération du gouvernement leur aſſurera qu'il ne veut que le bien général.

Les Vainqueurs de Fontenoy, ne craindront point d'être regardés, comme dit l'Aureur, *pour des ſatellites ſoudoyés, pour des opreſ-ſeurs du pays.* Tous les guerriers ſavent qu'une de leurs plus importantes fonctions, eſt de maintenir la tranquillité de la patrie, qu'ils ſe doivent à elle au-dedans comme au dehors; que c'eſt la défendre bien noblement, que de contenir des mains ſéditieuſes, en épargnant le ſang des citoyens.

Et toi, nation généreuſe & ſenſible, nation qui ſais ſi bien chérir tes Rois, verras-tu avec indifférence qu'on cherche à t'avilir aux yeux de l'étranger? Eſt-ce un Français qui oſe écrire que ſa patrie eſt *un État ruiné, perdu, mépriſé; un État dont on ne craint plus le reſſentiment, dont on n'eſtime plus l'amitié?* (page 15). Eſt-ce un Français qui, par ce langage éxagéré, appelle nos rivaux ou nos ennemis? Qu'il connoît mal la France! Qu'il ſache qu'elle a toujours été grande & redoutable, même dans l'adver-ſité, & que le génie qui a veillé ſur elle pendant treize ſiécles, ne l'a pas encore abandonnée! Qu'il

Qu'il la confidére lorfque le divorce fatal de Louis VII, fit paffer l'Aquitaine à un voifin dangereux.

Lorfqu'un faint Roi alla périr en Afrique avec toute fon Armée.

Qu'il la confidére après les batailles de Créci & Poitiers ; pendant la prifon du Roi Jean ; après le traité de Bretigni.

Qu'il la confidére fous Charles VI, lorfqu'elle vit un Prince Anglois couronné à Paris ; lorfqu'elle vit l'héritier du Trône, profcrit par Arrêt ; lorfqu'elle vit fon fils réfugié en Dauphiné, & y attendre la mort d'un pere qui avoit reconquis fon Royaume.

Qu'il la confidére fous ce Roi généreux, qui perdit tout à Pavie, *hormis l'honneur....*

Dans cette fuite affreufe de divifions, de maffacres, de crimes, dont elle fut le théàtre, jufqu'au régne du meilleur des Rois....

Qu'il life les détails de tous ces événemens, il verra fa patrie déchirée ou épuifée, le dépeuplement & la mifere, toutes les reffources anéanties, des fituations infiniment plus malheureufes que la nôtre. Il faura que la France eft toujours refpectable, qu'elle n'a pas perdu la confidération qu'une nation va-

leureufe & puiffante, fait toujours obtenir....
& il regretera peut-être d'avoir employé pour
la troubler, une plume qui auroit été digne
d'être confacrée à la défendre ou à l'éclairer.

Telles font, MESSIEURS, les réflexions
infpirées par cet écrit : peut-être déplaîront-
elles à des efprits prévenus ; mais leur vérité
n'en fera pas moins accueillie par les bons
citoyens, & elles leur attefteront les fenti-
mens dont vous êtes pénétrés envers un
Roi auffi jufte que jaloux du bonheur de fes
peuples.

Par ces confidérations, les Remontrans
requierent acte de la remife dudit Imprimé
commençant par ces mots : *Efprit des Édits*,
& finiffant par ceux-ci : *ce que les plus tyranniques extorfions n'avoient pu produire.*

Qu'il foit fupprimé comme attentatoire à
l'Autorité Royale, féditieux & rempli de ma-
ximes contraires à la tranquilité publique ;
que défenfes foient faites à tous les libraires,
imprimeurs, colporteurs & autres, de le répandre, diftribuer ou débiter, à peine d'être
pourfuivis extraordinairement.

Les Gens du Roi retirés.

Vu le Requifitoire ci-deffus, figné PIQUET

Avocat du Roi , RIBOUD Procureur du Roi , & BRANGIER Avocat du Roi , & l'Imprimé commençant par ces mots : *Esprit des Édits*, & finissant par ceux-ci : *ce que les plus tyranniques extorsions n'avoient pu produire.*

Lecture faite d'icelui :

Nous , Officiers au Grand Bailliage de Bourg-en-Bresse , justement indignés des conséquences dangereuses qui pourroient en être la suite , déclarons ledit écrit , séditieux , attentatoire à l'autorité royale , capable de faire naître des doutes sur l'obéissance & la fidélité dûes au Souverain , tendant à établir des principes contraires à la tranquillité de la Nation ; ordonnons en conséquence , qu'il est & demeure supprimé. Faisons très-expresses inhibitions & défenses à tous libraires , imprimeurs , colporteurs & autres , de l'imprimer , vendre ou distribuer , à peine d'être poursuivis extraordinairement ; enjoignons à tous ceux qui en auront des exemplaires , de les déposer incessamment au Greffe , pour y être supprimés ; ordonons en outre , que le présent Jugement sera imprimé & publié dans le ressort du Grand Bailliage.

D 2

(28)

Fait à Bourg, en la Chambre du Conseil, les deux Chambres assemblées, le 19 juillet 1788. *Signés*, VALENTIN DU PLANTIER Lieutenant Général, PERIER DE LA BALME Lieutenant Général Criminel, CHESNE Lieutenant Particulier, CHALAND Lieutenant Particulier, Assesseur Criminel, GUILLOT Doyen, GAUTHIER Conseiller honoraire, CABUCHET, GAUTHIER DES VAVRES, PIQUET, PERROT, BRANGIER, GAILLARD, Conseillers, BIZET Conseiller-Clerc, GONET, FRILET, MARTINON, Conseillers.

Collationné, signé CHICOD, Greffier en chef.